LIVRO PLANNER

Conversa com
DEUS
Pai

LIVRO PLANNER

Conversa com
DEUS
Pai

Principis

Esta é uma publicação Principis, selo exclusivo da Ciranda Cultural
© 2025 Ciranda Cultural Editora e Distribuidora Ltda.

Editora
Michele de Souza Barbosa

Produção editorial
Ciranda Cultural

Revisão
Fernanda R. Braga Simon

Design de capa
Fernando Nunes

Diagramação
Linea Editora

Dados Internacionais de Catalogação na Publicação (CIP) de acordo com ISBD

C578p	Ciranda Cultural
	Livro Planner Conversa com Deus Pai / Ciranda Cultural. - Jandira, SP : Principis, 2025. 192 p. ; 15,50cm x 22,60cm.
	ISBN: 978-65-5097-305-6
	1. Autoajuda. 2. Fé. 3. Religiosidade. 4. Devocional. 5. Meditação. 6. Brasil. 7. Calma. 8. Cura. 9. Deus. I. Título.
2024-2334	CDD 158.1 CDU 159.92

Elaborada por Lucio Feitosa - CRB-8/8803

Índice para catálogo sistemático:
1. Autoajuda : 158.1
2. Autoajuda : 159.92

1ª edição em 2025
www.cirandacultural.com.br
Todos os direitos reservados.
Nenhuma parte desta publicação pode ser reproduzida, arquivada em sistema de busca ou transmitida por qualquer meio, seja ele eletrônico, fotocópia, gravação ou outros, sem prévia autorização do detentor dos direitos, e não pode circular encadernada ou encapada de maneira distinta daquela em que foi publicada, ou sem que as mesmas condições sejam impostas aos compradores subsequentes.

Prefácio

Bem-vindo ao **Livro Planner Conversa com Deus Pai**, um companheiro criado para trazer inspiração, propósito e organização ao seu dia. Este planner foi projetado para ser mais do que uma ferramenta de planejamento; é um guia que une a prática de organização com a força transformadora da Palavra de Deus.

Cada dia começa com um versículo bíblico escolhido com carinho, seguido por duas frases de motivação que ampliam o significado da mensagem divina. Essas palavras de motivação foram pensadas para nutrir sua alma e renovar sua esperança na construção de um dia alinhado com seus valores e objetivos espirituais.

A ideia é simples, mas poderosa: enquanto você estrutura suas tarefas e compromissos, permita que a inspiração das Escrituras o acompanhe em cada etapa. Que o planejamento diário seja uma oportunidade de reflexão, gratidão e crescimento e que cada versículo o lembre de que, independentemente das circunstâncias, você está sob o cuidado amoroso de Deus.

Data __/__/__

D S T Q Q S S

PERDOAR FORTALECE AS RELAÇÕES.

Data __/__/__

D S T Q Q S S

O PERDÃO É O ALICERCE DA PAZ.

"Sejam bondosos e compassivos uns com os outros, perdoando-se mutuamente..."

Efésios 4:32

Data __/__/____

D S T Q Q S S

OS SENTIMENTOS DO OUTRO IMPORTAM.

_____
_____
_____
_____
_____
_____
_____
_____
_____

Data __/__/____

D S T Q Q S S

EMPATIA É A PONTE QUE UNE CORAÇÕES.

_____
_____
_____
_____
_____
_____
_____
_____
_____

"Alegrem-se com os que se alegram; chorem com os que choram."

Romanos 12:15

Data __/__/____

D S T Q Q S S

O BEM ENCERRA A INIMIZADE.

Data __/__/____

D S T Q Q S S

ESCOLHA RESPONDER AO MAL COM BONDADE.

"Não diga: 'Eu lhe farei o que ele fez a mim!'; procure fazer o bem."

Provérbios 20:22

Data __/__/____

D S T Q Q S S

AMAR É AGIR COM GENTILEZA.

_____
_____
_____
_____
_____
_____
_____
_____

Data __/__/____

D S T Q Q S S

FAÇA TUDO COM AMOR.

_____
_____
_____
_____
_____
_____
_____
_____

"O amor é paciente, o amor é bondoso..."

1 Coríntios 13:4

Data __/__/____

D S T Q Q S S

CONFIE MAIS E QUESTIONE MENOS.

Data __/__/____

D S T Q Q S S

DEUS VÊ CAMINHOS QUE NÃO ENXERGAMOS.

"Deixo-vos a paz, a minha paz vos dou; não a dou como o mundo a dá. Não se turbe o vosso coração, nem se atemorize."

João 14:27

Data __/__/____

D S T Q Q S S

DESCANSE NO AMOR DE CRISTO.

_____
_____
_____
_____
_____
_____
_____
_____

Data __/__/____

D S T Q Q S S

ENCONTRE PAZ NA PRESENÇA DIVINA.

_____
_____
_____
_____
_____
_____
_____
_____

> "Venham a mim, todos os que estão cansados e sobrecarregados, e eu lhes darei descanso."
>
> **Mateus 11:28**

Data __/__/____

D S T Q Q S S

ACREDITE, SUA FORÇA VEM DE DEUS.

___

Data __/__/____

D S T Q Q S S

ENFRENTE O DIA COM FÉ.

___

"Tudo posso naquele que me fortalece."
Filipenses 4:13

Data __/__/____

D S T Q Q S S

BUSQUE CONFIANÇA EM DEUS.

_____
_____
_____
_____
_____
_____
_____
_____

Data __/__/____

D S T Q Q S S

ENCONTRE SEGURANÇA NAS MÃOS DE DEUS.

_____
_____
_____
_____
_____
_____
_____
_____

"Quando estou com medo, eu confio em ti."

Salmos 56:3

Data __/__/____

D S T Q Q S S

BUSQUE O CONFORTO DE DEUS.

_____
_____
_____
_____
_____
_____
_____
_____
_____

Data __/__/____

D S T Q Q S S

NO PAI, ENCONTRE DESCANSO DAS DORES.

_____
_____
_____
_____
_____
_____
_____
_____
_____

"Como uma mãe consola o filho, assim eu os consolarei..."
Isaías 66:13

Data __/__/____

D S T Q Q S S

PERDOE COM O CORAÇÃO.

_____
_____
_____
_____
_____
_____
_____
_____
_____

Data __/__/____

D S T Q Q S S

O PERDÃO ALIVIA A ALMA.

_____
_____
_____
_____
_____
_____
_____
_____
_____
_____

"Se confessarmos os nossos pecados, ele é fiel e justo para nos perdoar..."

1 João 1:9

Data __/__/____

D S T Q Q S S

A VERDADEIRA FELICIDADE É ESTAR COM DEUS.

_____
_____
_____
_____
_____
_____
_____
_____
_____

Data __/__/____

D S T Q Q S S

ENCONTRE ALEGRIA EM CRISTO.

_____
_____
_____
_____
_____
_____
_____
_____
_____

"A alegria do Senhor é a nossa força."
Neemias 8:10

Data __/__/____

D S T Q Q S S

O PERDÃO DE DEUS É COMPLETO.

_____
_____
_____
_____
_____
_____
_____
_____
_____

Data __/__/____

D S T Q Q S S

PERDOAR É ABANDONAR O PASSADO.

_____
_____
_____
_____
_____
_____
_____
_____
_____
_____

"Pois perdoarei suas iniquidades e dos seus pecados não me lembrarei mais."

Jeremias 31:34

Data __/__/____

D S T Q Q S S

O AMOR VERDADEIRO REFLETE O CORAÇÃO DE CRISTO.

Data __/__/____

D S T Q Q S S

AMAR É O MAIOR MANDAMENTO E A MAIOR MISSÃO.

"Amem-se uns aos outros como eu os amei."

João 15:12

Data __/__/____

D S T Q Q S S

A FORÇA DIVINA SUPERA OS DESAFIOS HUMANOS.

_____
_____
_____
_____
_____
_____
_____
_____

Data __/__/____

D S T Q Q S S

ENFRENTE O DIA COM CONFIANÇA NO PODER DE DEUS.

_____
_____
_____
_____
_____
_____
_____
_____
_____

"Se Deus é por nós, quem será contra nós?"

Romanos 8:31

Data __/__/____

D S T Q Q S S

A SEGURANÇA ESTÁ NA PROTEÇÃO DE DEUS.

Data __/__/____

D S T Q Q S S

LEMBRE-SE SEMPRE DE QUE DEUS ILUMINA SEUS PASSOS.

"O Senhor é a minha luz e a minha salvação; de quem terei medo?"

Salmos 27:1

Data __/__/____

D S T Q Q S S

CRESÇA DIARIAMENTE EM SABEDORIA.

_____
_____
_____
_____
_____
_____
_____
_____
_____

Data __/__/____

D S T Q Q S S

PLANEJE SEU TEMPO COM PROPÓSITO.

_____
_____
_____
_____
_____
_____
_____
_____
_____

"Ensina-nos a contar os nossos dias, para que alcancemos coração sábio."

Salmos 90:12

Data __/__/__

D S T Q Q S S

NOVAS MISERICÓRDIAS CHEGAM COM O AMANHECER.

_____
_____
_____
_____
_____
_____
_____
_____

Data __/__/__

D S T Q Q S S

ORAR COM ESPERANÇA É ENCONTRAR FORÇA NO MEIO DA DOR.

_____
_____
_____
_____
_____
_____
_____
_____

"De manhã ouves, Senhor, o meu clamor; de manhã te apresento a minha oração e aguardo com esperança."

Salmos 5:3

Data __/__/__

D S T Q Q S S

O PERDÃO TRAZ LEVEZA AOS RELACIONAMENTOS.

_____
_____
_____
_____
_____
_____
_____
_____

Data __/__/__

D S T Q Q S S

PERDOAR É LIBERTAR A ALMA DO PESO DO PASSADO.

_____
_____
_____
_____
_____
_____
_____
_____

"Suportem-se uns aos outros e perdoem as queixas que tiverem uns contra os outros."

Colossenses 3:13

Data __/__/____

D S T Q Q S S

OUÇA COM O CORAÇÃO.

_____
_____
_____
_____
_____
_____
_____
_____
_____

Data __/__/____

D S T Q Q S S

COLOQUE-SE NO LUGAR DO OUTRO.

_____
_____
_____
_____
_____
_____
_____
_____
_____

"Levem os fardos uns dos outros e, assim, cumpram a lei de Cristo."

Gálatas 6:2

Data __/__/____

D S T Q Q S S

FÉ EM DEUS TRANSFORMA INCERTEZA EM PAZ.

Data __/__/____

D S T Q Q S S

DEIXE-SE GUIAR PELO AMOR DIVINO.

"Entrega o teu caminho ao Senhor; confia nele, e ele tudo fará."

Salmos 37:5

Data __/__/____

D S T Q Q S S

FOQUE NO QUE REALMENTE IMPORTA.

_____
_____
_____
_____
_____
_____
_____
_____
_____

Data __/__/____

D S T Q Q S S

ENCONTRE RIQUEZA EM CORAÇÕES GRATOS.

_____
_____
_____
_____
_____
_____
_____
_____
_____

"Pois onde estiver o seu tesouro, aí também estará o seu coração."

Mateus 6:21

Data __/__/____

D S T Q Q S S

A MANSIDÃO DESMONTA A INIMIZADE.

_____
_____
_____
_____
_____
_____
_____
_____

Data __/__/____

D S T Q Q S S

RESPONDA AO ÓDIO COM BONDADE.

_____
_____
_____
_____
_____
_____
_____
_____

> "Mas eu lhes digo: Não resistam ao perverso. Se alguém o ferir na face direita, ofereça-lhe também a outra."
>
> **Mateus 5:39**

Data __/__/____

D S T Q Q S S

O AMOR DE DEUS DISSIPA TODO TEMOR.

Data __/__/____

D S T Q Q S S

O MEDO NÃO TEM LUGAR ONDE REINA O AMOR PERFEITO.

"No amor não há medo; antes, o perfeito amor lança fora o medo."

1 João 4:18

Data __/__/____

D S T Q Q S S

RECONFORTE-SE NO CONSOLO DE DEUS.

_____
_____
_____
_____
_____
_____
_____
_____

Data __/__/____

D S T Q Q S S

SEJA ENVOLVIDO PELO CUIDADO DIVINO.

_____
_____
_____
_____
_____
_____
_____
_____
_____

"Assim como uma mãe consola seu filho, também eu os consolarei..."

Isaías 66:13

Data __/__/__

D S T Q Q S S

A PRESENÇA DE DEUS É A RESPOSTA PARA O MEDO.

Data __/__/__

D S T Q Q S S

ENFRENTE TODOS OS DESAFIOS COM DEUS AO SEU LADO.

"Não to mandei eu? Esforça-te, e tem bom ânimo; não temas, nem te espantes; porque o Senhor teu Deus é contigo, por onde quer que andares."

Josué 1:9

Data __/__/____

D S T Q Q S S

A PROVISÃO DIVINA É CONSTANTE E SUFICIENTE.

___

Data __/__/____

D S T Q Q S S

DEUS CUIDA DE CADA DETALHE DA SUA VIDA.

___

"O Senhor é o meu pastor; nada me faltará."

Salmos 23:1

Data __/__/__

D S T Q Q S S

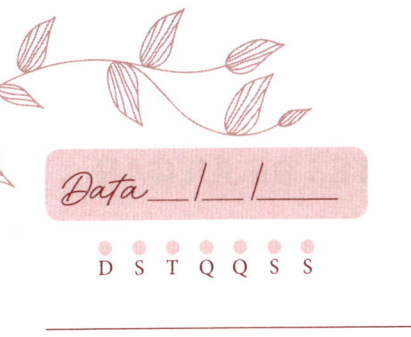

O PERDÃO DADO ABRE O CAMINHO PARA RECEBER O PERDÃO.

_____
_____
_____
_____
_____
_____
_____
_____

Data __/__/__

D S T Q Q S S

PERDOAR É LIBERTAR O CORAÇÃO DE PESOS DESNECESSÁRIOS.

_____
_____
_____
_____
_____
_____
_____
_____

"Perdoem, e serão perdoados."
Lucas 6:37

Data __/__/____

D S T Q Q S S

OUÇA ANTES DE JULGAR.

_____
_____
_____
_____
_____
_____
_____
_____
_____
_____

Data __/__/____

D S T Q Q S S

AJA COM JUSTIÇA E AMOR.

_____
_____
_____
_____
_____
_____
_____
_____
_____
_____
_____

"O coração do justo medita no que é correto..."

Provérbios 15:28

Data __/__/____

D S T Q Q S S

A GENEROSIDADE MULTIPLICA ALEGRIA E PAZ.

Data __/__/____

D S T Q Q S S

QUEM DÁ RECEBE MAIS DO QUE OFERECE!

"A alma generosa prosperará, e quem dá alívio aos outros, alívio receberá."

Provérbios 11:25

Data __/__/____

D S T Q Q S S

TRATE OS OUTROS COM O MESMO CUIDADO QUE ESPERA RECEBER.

___

Data __/__/____

D S T Q Q S S

A EMPATIA COMEÇA NO DESEJO DE FAZER O BEM.

___

"Façam aos outros o que vocês querem que eles lhes façam..."

Mateus 7:12

Data __/__/__

D S T Q Q S S

A GENTILEZA TRAZ PAZ AOS CONFLITOS.

_____
_____
_____
_____
_____
_____
_____
_____

Data __/__/__

D S T Q Q S S

ESCOLHA PALAVRAS SUAVES PARA ACALMAR TEMPESTADES.

_____
_____
_____
_____
_____
_____
_____
_____

"A resposta branda desvia o furor..."
Provérbios 15:1

Data __/__/____

D S T Q Q S S

O ESPÍRITO SANTO TRAZ CORAGEM E FORÇA.

Data __/__/____

D S T Q Q S S

O PODER DE DEUS AFASTA O MEDO.

"Porque Deus não nos deu espírito de covardia, mas de poder, de amor e de equilíbrio."

2 Timóteo 1:7

Data __/__/____

D S T Q Q S S

O CORAÇÃO É O ESPELHO DE SUA VERDADEIRA ESSÊNCIA.

Data __/__/____

D S T Q Q S S

CUIDE DO SEU INTERIOR PARA REFLETIR O MELHOR DE SI.

"Como a água reflete o rosto, assim o coração reflete quem somos."

Provérbios 27:19

Data __/__/__

D S T Q Q S S

SEJA UMA LUZ QUE INSPIRE OS OUTROS A BUSCAR O BEM.

___

Data __/__/__

D S T Q Q S S

SUA VIDA É REFLEXO DA GRAÇA DIVINA. DEIXE-A BRILHAR.

___

"Assim brilhe a luz de vocês diante dos homens..."

Mateus 5:16

Data __/__/____

D S T Q Q S S

NOS MOMENTOS DIFÍCEIS, DEUS É O ABRIGO SEGURO.

_____
_____
_____
_____
_____
_____
_____
_____

Data __/__/____

D S T Q Q S S

CONFIE EM DEUS PARA RENOVAR SUA FORÇA.

_____
_____
_____
_____
_____
_____
_____
_____

"O Senhor é bom, um refúgio em tempos de angústia."

Naum 1:7

Data __/__/____

D S T Q Q S S

SUAS AÇÕES REFLETEM SUA FÉ.

_____
_____
_____
_____
_____
_____
_____
_____

Data __/__/____

D S T Q Q S S

AJA COM INTEGRIDADE E VIVA EM LIBERDADE.

_____
_____
_____
_____
_____
_____
_____
_____

"Falem e ajam como quem vai ser julgado pela lei da liberdade."

Tiago 2:12

Data __/__/____

D S T Q Q S S

COLOQUE O OUTRO EM PRIMEIRO LUGAR.

Data __/__/____

D S T Q Q S S

EMPATIA É PRIORIZAR O BEM-ESTAR COLETIVO.

"Ninguém procure somente os seus próprios interesses, mas também os dos outros."

Filipenses 2:4

Data __/__/____

D S T Q Q S S

A CORAGEM SURGE DA CONFIANÇA EM DEUS.

Data __/__/____

D S T Q Q S S

LEMBRE-SE DE QUE DEUS ESTÁ NO CONTROLE.

"Sejam fortes e corajosos, todos vocês que esperam no Senhor."

Salmos 31:24

Data __/__/____

D S T Q Q S S

MÁGOAS APRISIONAM; A GRAÇA DE DEUS LIBERTA.

Data __/__/____

D S T Q Q S S

ABANDONE A AMARGURA.

> "Rejeitem toda amargura, indignação e ira, gritaria e calúnia, bem como toda maldade."
>
> **Efésios 4:31**

Data __/__/____

D S T Q Q S S

A LUZ DE DEUS AFASTA AS TREVAS DO MEDO.

_____
_____
_____
_____
_____
_____
_____
_____

Data __/__/____

D S T Q Q S S

CONFIE NO SENHOR, QUE O MEDO PERDE A FORÇA.

_____
_____
_____
_____
_____
_____
_____
_____

"Direi do Senhor: Ele é o meu Deus, o meu refúgio, a minha fortaleza e Nele confiarei."

Salmos 91:2

Data __/__/____

D S T Q Q S S

A PAZ DIVINA TRANSCENDE QUALQUER FATO.

Data __/__/____

D S T Q Q S S

PROTEJA SUA MENTE CONTRA A INQUIETAÇÃO.

"A paz de Deus, que excede todo entendimento, guardará o coração e a mente de vocês..."

Filipenses 4:7

Data __/__/____

D S T Q Q S S

A ESPERANÇA FORTALECE O ESPÍRITO NOS TEMPOS DIFÍCEIS.

_____
_____
_____
_____
_____
_____
_____
_____

Data __/__/____

D S T Q Q S S

A ORAÇÃO MANTÉM VIVA A ALEGRIA.

_____
_____
_____
_____
_____
_____
_____
_____

"Alegrem-se na esperança, sejam pacientes na tribulação, perseverem na oração."

Romanos 12:12

Data __/__/__

D S T Q Q S S

ENTREGUE SUAS DORES A DEUS.

Data __/__/__

D S T Q Q S S

AO LADO DE DEUS NÃO HÁ ESCURIDÃO.

"Ainda que eu ande pelo vale da sombra da morte, não temerei mal algum, pois tu estás comigo."

Salmos 23:4

Data __/__/__

D S T Q Q S S

O AMOR AO PRÓXIMO É A EXPRESSÃO MAIS PURA DA FÉ.

___

Data __/__/__

D S T Q Q S S

QUANDO AMAMOS, REFLETIMOS O CORAÇÃO DE DEUS.

___

"Amarás o teu próximo como a ti mesmo."

Mateus 22:39

Data __/__/__

D S T Q Q S S

CORAGEM E EQUILÍBRIO VÊM DO AMOR DE DEUS.

_____
_____
_____
_____
_____
_____
_____
_____

Data __/__/__

D S T Q Q S S

VENÇA A INSEGURANÇA E A COVARDIA.

_____
_____
_____
_____
_____
_____
_____
_____

"Porque Deus não nos deu espírito de covardia, mas de poder, de amor e de equilíbrio."

2 Timóteo 1:7

Data __/__/____

D S T Q Q S S

SEJA PACIFICADOR.

_____
_____
_____
_____
_____
_____
_____
_____

Data __/__/____

D S T Q Q S S

VIVA NA PAZ DO SENHOR.

_____
_____
_____
_____
_____
_____
_____
_____

"Bem-aventurados os pacificadores, pois serão chamados filhos de Deus."

Mateus 5:9

Data __/__/____

D S T Q Q S S

ONDE O AMOR HABITA, O MEDO NÃO ENCONTRA ESPAÇO.

Data __/__/____

D S T Q Q S S

O AMOR É A FORÇA QUE MOVE A VIDA FELIZ.

"O amor lança fora todo o medo."
1 João 4:18

Data __/__/____

D S T Q Q S S

MESMO NOS DESAFIOS, DEUS ESTÁ TRABALHANDO PARA SEU BEM.

_____
_____
_____
_____
_____
_____
_____
_____

Data __/__/____

D S T Q Q S S

CONFIE QUE AS PROVAÇÕES TÊM PROPÓSITO.

_____
_____
_____
_____
_____
_____
_____
_____

"Tudo coopera para o bem daqueles que amam a Deus..."

Romanos 8:28

Data __/__/__

D S T Q Q S S

A INTEGRIDADE BRILHA COMO LUZ NO MEIO DAS TREVAS.

Data __/__/__

D S T Q Q S S

VIVA DE FORMA QUE SUA VIDA INSPIRE CONFIANÇA.

"Andemos decentemente, como em pleno dia..."
Romanos 13:13

Data __/__/__

D S T Q Q S S

ENFRENTE O DIA COM ALEGRIA.

_____
_____
_____
_____
_____
_____
_____
_____

Data __/__/__

D S T Q Q S S

BUSQUE A FELICIDADE NO SENHOR.

_____
_____
_____
_____
_____
_____
_____
_____

"Porque a alegria do Senhor é a nossa força."

Neemias 8:10

Data __/__/____

D S T Q Q S S

A FELICIDADE PLENA ESTÁ EM BUSCAR O QUE É JUSTO E BOM.

_____
_____
_____
_____
_____
_____
_____
_____

Data __/__/____

D S T Q Q S S

DEUS SACIA O CORAÇÃO QUE DESEJA O QUE É CORRETO.

_____
_____
_____
_____
_____
_____
_____
_____

> "Bem-aventurados os que têm fome e sede de justiça, pois serão satisfeitos."
>
> **Mateus 5:6**

Data __/__/__

D S T Q Q S S

CONFIE NOS PLANOS DE DEUS.

_____
_____
_____
_____
_____
_____
_____
_____

Data __/__/__

D S T Q Q S S

SUA HISTÓRIA ESTÁ NAS MÃOS DO PAI.

_____
_____
_____
_____
_____
_____
_____
_____

"Porque sou eu que conheço os planos que tenho para vocês, planos de fazê-los prosperar..."

Jeremias 29:11

Data __/__/__

D S T Q Q S S

A GENTILEZA É MAIS PODEROSA QUE O CONFRONTO.

Data __/__/__

D S T Q Q S S

ESCOLHA PALAVRAS QUE CONSTRUAM, NÃO QUE DESTRUAM.

"Com a sabedoria se edifica a casa, e com o entendimento ela se estabelece."

Provérbios 24:3

Data __/__/____

D S T Q Q S S

ENCONTRE SEGURANÇA EM DEUS.

_____
_____
_____
_____
_____
_____
_____
_____

Data __/__/____

D S T Q Q S S

DEUS NUNCA FALHA.

_____
_____
_____
_____
_____
_____
_____
_____
_____

"Deus é o nosso refúgio e fortaleza, socorro bem presente na angústia."

Salmos 46:1

Data __/__/__

D S T Q Q S S

PRIORIZE O ESPIRITUAL SOBRE O MATERIAL.

_____
_____
_____
_____
_____
_____
_____
_____
_____
_____

Data __/__/__

D S T Q Q S S

O REINO DE DEUS É A FONTE DA PROSPERIDADE.

_____
_____
_____
_____
_____
_____
_____
_____
_____

"Mas buscai primeiro o Reino de Deus..."
Mateus 6:33

Data __/__/__

D S T Q Q S S

ENCHA SEU CORAÇÃO DE BONDADE.

_____
_____
_____
_____
_____
_____
_____
_____

Data __/__/__

D S T Q Q S S

SUAS PALAVRAS PODEM TRAZER LUZ.

_____
_____
_____
_____
_____
_____
_____
_____
_____

"A boca fala do que está cheio o coração."

Lucas 6:45

Data __/__/__

D S T Q Q S S

A BONDADE ABRE PORTAS PARA RELAÇÕES MAIS PROFUNDAS.

_____
_____
_____
_____
_____
_____
_____
_____
_____

Data __/__/__

D S T Q Q S S

A PONTE PARA A PAZ E RENOVAÇÃO SE CHAMA BONDADE.

_____
_____
_____
_____
_____
_____
_____
_____
_____

"Sejam bondosos e compassivos uns com os outros, perdoando-se mutuamente..."

Efésios 4:32

Data __/__/____

D S T Q Q S S

O BEM QUE VOCÊ PRATICA NUNCA É EM VÃO.

_____
_____
_____
_____
_____
_____
_____
_____

Data __/__/____

D S T Q Q S S

PRATIQUE PEQUENOS ATOS DE BONDADE.

_____
_____
_____
_____
_____
_____
_____
_____

"Não vos canseis de praticar o bem."

2 Tessalonicenses 3:13

Data __/__/____

D S T Q Q S S

A ALEGRIA DO CORAÇÃO É UM REMÉDIO PARA A ALMA.

Data __/__/____

D S T Q Q S S

CULTIVE O HÁBITO DE ENCONTRAR MOTIVOS PARA SORRIR.

"Melhor é um coração alegre do que um espírito abatido."

Provérbios 17:22

Data __/__/__

D S T Q Q S S

PLANEJE, MAS CONFIE QUE DEUS GUIARÁ SEUS PASSOS.

Data __/__/__

D S T Q Q S S

A DIREÇÃO DIVINA SEMPRE CONDUZ AO MELHOR DESTINO.

"O coração do homem traça o seu caminho, mas o Senhor lhe dirige os passos."

Provérbios 16:9

Data __/__/____

D S T Q Q S S

PLANTE JUSTIÇA E COLHA PAZ.

Data __/__/____

D S T Q Q S S

A JUSTIÇA É A GUARDIÃ DA VIDA FELIZ.

"Semeiem a justiça para si mesmos, colham o fruto do amor leal."
Oseias 10:12

Data __/__/____

D S T Q Q S S

A LUZ DIVINA DISSIPA AS TREVAS DO MEDO.

_____
_____
_____
_____
_____
_____
_____
_____

Data __/__/____

D S T Q Q S S

CONFIE QUE DEUS É SUA FORTALEZA.

_____
_____
_____
_____
_____
_____
_____
_____

"Posso todas as coisas em Cristo que me fortalece."

Filipenses 4:13

Data __/__/____

D S T Q Q S S

REVERENCIE A DEUS PARA TER UMA VIDA SÁBIA.

_____
_____
_____
_____
_____
_____
_____
_____
_____

Data __/__/____

D S T Q Q S S

A SABEDORIA VEM DE NOSSA CRENÇA DIVINA.

_____
_____
_____
_____
_____
_____
_____
_____
_____

"O temor do Senhor é o princípio da sabedoria..."
Provérbios 9:10

Data __/__/____

D S T Q Q S S

SEJA HUMILDE E SIGA O CAMINHO DA GRANDEZA.

_____
_____
_____
_____
_____
_____
_____
_____

Data __/__/____

D S T Q Q S S

DEUS HONRA OS HUMILDES.

_____
_____
_____
_____
_____
_____
_____
_____
_____

"Sejam humildes diante do Senhor, e ele os exaltará."

Tiago 4:10

Data __/__/____

D S T Q Q S S

DEUS AMA QUEM DOA COM ALEGRIA E SINCERIDADE.

_____
_____
_____
_____
_____
_____
_____

Data __/__/____

D S T Q Q S S

A VERDADEIRA GENEROSIDADE NASCE DO CORAÇÃO.

_____
_____
_____
_____
_____
_____
_____

"Cada um dê conforme determinou em seu coração, não com pesar ou por obrigação..."

2 Coríntios 9:7

Data __/__/____

D S T Q Q S S

O AMOR TRANSFORMA A VIDA.

_____
_____
_____
_____
_____
_____
_____
_____

Data __/__/____

D S T Q Q S S

FAÇA O BEM AO INIMIGO.

_____
_____
_____
_____
_____
_____
_____
_____
_____

> "Amem os seus inimigos, façam o bem àqueles que os odeiam."
>
> **Lucas 6:27**

Data __/__/____

D S T Q Q S S

MÁGOAS CRESCEM ONDE PALAVRAS AMARGAS PERMANECEM.

_____
_____
_____
_____
_____
_____
_____
_____

Data __/__/____

D S T Q Q S S

ESCOLHA PALAVRAS DE BONDADE E VERÁ A MÁGOA DISSIPAR-SE.

_____
_____
_____
_____
_____
_____
_____
_____

"Afaste da sua boca as palavras perversas; fique longe dos seus lábios a maldade."

Provérbios 4:24

Data __/__/__

D S T Q Q S S

A PAZ É A MELHOR RESPOSTA PARA A INIMIZADE.

Data __/__/__

D S T Q Q S S

TENHA ATITUDE DE PAZ EM SEUS RELACIONAMENTOS.

"Se for possível, quanto depender de vocês, vivam em paz com todos."

Romanos 12:18

Data __/__/____

D S T Q Q S S

DEUS ESTÁ AO SEU LADO EM CADA SITUAÇÃO.

_____
_____
_____
_____
_____
_____
_____
_____

Data __/__/____

D S T Q Q S S

COM DEUS, NÃO HÁ MEDO.

_____
_____
_____
_____
_____
_____
_____
_____
_____

"Não temas, porque eu sou contigo; não te assombres, porque eu sou o teu Deus."

Isaías 41:10

Data __/__/____

D S T Q Q S S

O PERDÃO É O ANTÍDOTO PARA AS MÁGOAS DO CORAÇÃO.

_____
_____
_____
_____
_____
_____
_____
_____

Data __/__/____

D S T Q Q S S

PERDOAR É IMITAR O AMOR DE DEUS.

_____
_____
_____
_____
_____
_____
_____
_____

"Assim vos fará, também, meu Pai celestial, se do coração não perdoardes, cada um a seu irmão, as suas ofensas."

Mateus 18:35

Data__/__/____

D S T Q Q S S

ESCOLHA CALMA EM VEZ DE MÁGOA.

Data__/__/____

D S T Q Q S S

IGNORAR OFENSAS É ESCOLHER A PAZ.

"A calma dá grandeza ao homem, e é glória ignorar ofensas."

Provérbios 19:11

Data __/__/____

D S T Q Q S S

PROTEJA O CORAÇÃO DA MÁGOA.

_____
_____
_____
_____
_____
_____
_____
_____

Data __/__/____

D S T Q Q S S

TENHO O CORAÇÃO LIMPO DE MÁGOAS.

_____
_____
_____
_____
_____
_____
_____
_____

"Acima de tudo, guarde o seu coração, pois dele depende toda a sua vida."

Provérbios 4:23

Data __/__/____

D S T Q Q S S

DEUS ESTÁ MAIS PERTO DO QUE IMAGINAMOS.

_____
_____
_____
_____
_____
_____
_____
_____

Data __/__/____

D S T Q Q S S

ELE CURA AS FERIDAS DA ALMA COM SEU AMOR.

_____
_____
_____
_____
_____
_____
_____
_____

> "Que nos consola em toda a nossa tribulação, para que também possamos consolar os que estiverem em alguma tribulação (...)."
>
> **2 Coríntios 1:4**

Data __/__/____

D S T Q Q S S

FÉ FIRME É A BASE PARA ENFRENTAR TEMPESTADES.

_____
_____
_____
_____
_____
_____
_____
_____

Data __/__/____

D S T Q Q S S

DEUS É A ROCHA DA VIDA.

_____
_____
_____
_____
_____
_____
_____
_____

"Os que confiam no Senhor são como o monte Sião..."

Salmos 125:1

Data __/__/__

D S T Q Q S S

A JUSTIÇA ENRAIZADA EM DEUS PRODUZ FRUTOS DURADOUROS.

Data __/__/__

D S T Q Q S S

CONFIE NO SENHOR E RENOVE-SE TODOS OS DIAS.

"O justo florescerá como a palmeira..."
Salmos 92:12

Data __/__/__

D S T Q Q S S

A FELICIDADE É UM REMÉDIO PARA A ALMA E O CORPO.

_____
_____
_____
_____
_____
_____
_____
_____

Data __/__/__

D S T Q Q S S

UM CORAÇÃO ALEGRE TRAZ VIDA E SAÚDE PARA O DIA A DIA.

_____
_____
_____
_____
_____
_____
_____
_____

> "O coração alegre é bom remédio, mas o espírito abatido resseca os ossos."
>
> **Provérbios 17:22**

Data __/__/____

D S T Q Q S S

FAÇA DO PERDÃO O SEU COMPROMISSO.

_____
_____
_____
_____
_____
_____
_____
_____

Data __/__/____

D S T Q Q S S

PRATIQUE O PERDÃO DIARIAMENTE.

_____
_____
_____
_____
_____
_____
_____
_____

> "Senhor, quantas vezes devo perdoar a meu irmão? Até sete vezes? Jesus respondeu: Não até sete, mas até setenta vezes sete."
>
> **Mateus 18:21-22**

Data __/__/____

D S T Q Q S S

TRATE CADA PESSOA COMO SE FOSSE VOCÊ MESMO.

Data __/__/____

D S T Q Q S S

PROCURE SEMPRE ENTENDER O OUTRO.

"Como vocês desejam que os outros lhes façam, façam também a eles."

Lucas 6:31

Data __/__/____

D S T Q Q S S

DEUS TE AJUDA COM OS DESAFIOS DIÁRIOS.

_____
_____
_____
_____
_____
_____
_____
_____
_____

Data __/__/____

D S T Q Q S S

ACREDITE, DEUS ESTÁ POR VOCÊ.

_____
_____
_____
_____
_____
_____
_____
_____
_____

"O Senhor dá força ao seu povo; o Senhor abençoa com paz."
Salmos 29:11

Data __/__/__

D S T Q Q S S

PALAVRAS DE CONSOLO SÃO BÁLSAMOS PARA CORAÇÕES FERIDOS.

Data __/__/__

D S T Q Q S S

CONSOLAR É UM ATO DE AMOR QUE REFLETE O CORAÇÃO DE DEUS.

"Consolai-vos, pois, uns aos outros com estas palavras."

1 Tessalonicenses 4:18

Data __/__/__

D S T Q Q S S

CULTIVE A ALEGRIA E ELA TRARÁ CURA À SUA ALMA.

Data __/__/__

D S T Q Q S S

UM CORAÇÃO FELIZ ESPALHA LUZ POR ONDE PASSA.

"A luz dos olhos alegra o coração, a boa notícia fortalece os ossos."

Provérbios 15:30

Data __/__/____

D S T Q Q S S

SEJA ALGUÉM QUE PACIFICA.

_____
_____
_____
_____
_____
_____
_____
_____

Data __/__/____

D S T Q Q S S

A PAZ COMEÇA COM PEQUENOS GESTOS.

_____
_____
_____
_____
_____
_____
_____
_____
_____
_____

"Bem-aventurados os pacificadores, pois serão chamados filhos de Deus."

Mateus 5:9

Data __/__/__

D S T Q Q S S

A PALAVRA DE DEUS ILUMINA ATÉ OS CAMINHOS.

Data __/__/__

D S T Q Q S S

ENCONTRE DIREÇÃO NAS ESCRITURAS DIARIAMENTE.

"Lâmpada para os meus pés é a tua palavra e luz para o meu caminho."

Salmos 119:105

Data __/__/____

D S T Q Q S S

ESCOLHA COMPANHIAS QUE ELEVEM VOCÊ ESPIRITUALMENTE.

_____
_____
_____
_____
_____
_____
_____
_____

Data __/__/____

D S T Q Q S S

A SABEDORIA SE MULTIPLICA QUANDO COMPARTILHADA.

_____
_____
_____
_____
_____
_____
_____
_____

"Aquele que anda com os sábios será sábio..."

Provérbios 13:20

Data __/__/____

D S T Q Q S S

O VERDADEIRO AMOR É PACIENTE.

_____
_____
_____
_____
_____
_____
_____
_____

Data __/__/____

D S T Q Q S S

AMAR É ACREDITAR NO MELHOR.

_____
_____
_____
_____
_____
_____
_____
_____

"O amor tudo sofre, tudo crê, tudo espera, tudo suporta."

1 Coríntios 13:7

Data __/__/____

D S T Q Q S S

A ORAÇÃO É O CAMINHO DIRETO PARA DEUS.

_____
_____
_____
_____
_____
_____
_____
_____

Data __/__/____

D S T Q Q S S

DEUS SEMPRE OUVE SUAS SÚPLICAS.

_____
_____
_____
_____
_____
_____
_____
_____
_____

"Clama a mim, e responder-te-ei..."

Jeremias 33:3

Data __/__/__

D S T Q Q S S

A PUREZA DE CORAÇÃO NOS APROXIMA DO DIVINO.

Data __/__/__

D S T Q Q S S

UM CORAÇÃO LIMPO REFLETE PAZ E VERDADE.

"Bem-aventurados os limpos de coração, pois verão a Deus."

Mateus 5:8

Data __/__/____

D S T Q Q S S

A GANÂNCIA ACABA COM A FELICIDADE.

_____
_____
_____
_____
_____
_____
_____
_____

Data __/__/____

D S T Q Q S S

QUERER MAIS É NÃO SABER O QUE QUER.

_____
_____
_____
_____
_____
_____
_____
_____

"Seja a sua vida isenta de ganância; contente-se com o que você tem..."

Hebreus 13:5

Data __/__/____

D S T Q Q S S

DEDIQUE CADA ESFORÇO AO PROPÓSITO DIVINO.

_____
_____
_____
_____
_____
_____
_____
_____
_____
_____

Data __/__/____

D S T Q Q S S

FAÇA SEU TRABALHO COM O CORAÇÃO.

_____
_____
_____
_____
_____
_____
_____
_____
_____
_____

"Tudo o que fizerem, façam de todo o coração, como para o Senhor..."

Colossenses 3:23

Data __/__/____

D S T Q Q S S

A ORAÇÃO CONSTANTE FORTALECE A ALMA E A FÉ.

_____
_____
_____
_____
_____
_____
_____
_____
_____

Data __/__/____

D S T Q Q S S

PERSEVERE EM ORAÇÃO.

_____
_____
_____
_____
_____
_____
_____
_____
_____

"Sejam vigilantes e perseverem na oração."

Colossenses 4:2

Data __/__/__

D S T Q Q S S

A ESPERA EM DEUS NUNCA É EM VÃO.

Data __/__/__

D S T Q Q S S

CONFIE NA BONDADE DE DEUS.

"O Senhor é bom para os que nele esperam..."
Lamentações 3:25

Data __/__/____

D S T Q Q S S

A FELICIDADE VERDADEIRA É ENCONTRADA NA PRESENÇA DE DEUS.

_____
_____
_____
_____
_____
_____
_____
_____

Data __/__/____

D S T Q Q S S

EM SUA LUZ, DESCOBRIMOS O CAMINHO PARA A ALEGRIA ETERNA.

_____
_____
_____
_____
_____
_____
_____
_____

"Tu me farás conhecer a vereda da vida, a alegria plena da tua presença..."

Salmos 16:11

Data __/__/____

D S T Q Q S S

A GENEROSIDADE É O MOTOR DA VIDA.

_____
_____
_____
_____
_____
_____
_____
_____
_____

Data __/__/____

D S T Q Q S S

GENEROSIDADE GERA GENEROSIDADE.

_____
_____
_____
_____
_____
_____
_____
_____
_____

"A alma generosa prosperará; quem dá alívio aos outros, alívio receberá."

Provérbios 11:25

Data __/__/____

D S T Q Q S S

DEUS NUNCA SE AFASTA NOS MOMENTOS DE DOR.

___

Data __/__/____

D S T Q Q S S

NOS MOMENTOS DIFÍCEIS, A PRESENÇA DIVINA É O CONSOLO.

___

"E o próprio nosso Senhor Jesus Cristo e nosso Deus e Pai, que nos amou, e em graça nos deu uma eterna consolação e boa esperança..."

2 Tessalonicenses 2:16

Data __/__/__

D S T Q Q S S

EM JESUS ENCONTRAMOS DESCANSO PARA AS CARGAS PESADAS.

Data __/__/__

D S T Q Q S S

LEVE SUA ANGÚSTIA AO SENHOR, E ELE RENOVARÁ SUAS FORÇAS.

"Venham a mim, todos os que estão cansados e sobrecarregados, e eu lhes darei descanso."

Mateus 11:28

Data __/__/__

D S T Q Q S S

DEUS NUNCA ESTÁ DISTANTE NA DOR DA PERDA.

_____
_____
_____
_____
_____
_____
_____
_____

Data __/__/__

D S T Q Q S S

EM TEMPOS DE LUTO, O AMOR DE DEUS É O REFÚGIO.

_____
_____
_____
_____
_____
_____
_____
_____
_____

"O Senhor está perto dos que têm o coração quebrantado..."

Salmos 34:18

Data __/__/____
D S T Q Q S S

DEUS É O BÁLSAMO PARA OS QUE SOFREM.

Data __/__/____
D S T Q Q S S

CONSOLE-SE NA PALAVRA DE DEUS.

"Bem-aventurados os que choram, pois serão consolados."
Mateus 5:4

Data __/__/____

D S T Q Q S S

ENTREGUE SEU SOFRIMENTO A DEUS.

_____
_____
_____
_____
_____
_____
_____
_____
_____

Data __/__/____

D S T Q Q S S

SUA DOR NÃO PASSA DESPERCEBIDA AOS OLHOS DO PAI.

_____
_____
_____
_____
_____
_____
_____
_____
_____

"Pois não despreza nem rejeita o sofrimento do aflito; não esconde dele o rosto, mas o ouve quando pede socorro."

Salmos 22:24

Data __/__/____

D S T Q Q S S

DEUS É FONTE INESGOTÁVEL DE CONFORTO.

Data __/__/____

D S T Q Q S S

PERMITA-SE SER CONSOLADO POR DEUS.

"Bendito seja o Deus e Pai de nosso Senhor Jesus Cristo, o Pai das misericórdias e Deus de toda consolação!"

2 Coríntios 1:3

Data __/__/__

D S T Q Q S S

CONFIE NOS PLANOS PERFEITOS DE DEUS.

Data __/__/__

D S T Q Q S S

DEUS JÁ TEM PLANOS PARA VOCÊ.

"Lança o teu cuidado sobre o Senhor, e ele te susterá; não permitirá jamais que o justo seja abalado."

Salmos 55:22

Data __/__/____

D S T Q Q S S

NA PERDA, ESPERE EM DEUS.

_____
_____
_____
_____
_____
_____
_____
_____
_____

Data __/__/____

D S T Q Q S S

NA ANGÚSTIA, ESPERE EM DEUS.

_____
_____
_____
_____
_____
_____
_____
_____
_____

> *"O Senhor é bom para os que nele esperam, para aqueles que o buscam."*
> **Lamentações 3:25**

Data __/__/__

D S T Q Q S S

CONSOLAR É FORTALECER QUEM ESTÁ FRACO.

Data __/__/__

D S T Q Q S S

SEJA INSTRUMENTO DE ÂNIMO NA VIDA.

"Deem ânimo e fortaleçam-se uns aos outros, como de fato vocês estão fazendo."

1 Tessalonicenses 5:11

Data __/__/____

D S T Q Q S S

A FORÇA DE DEUS SUPRE NOSSAS INSEGURANÇAS.

___

Data __/__/____

D S T Q Q S S

NAS NOSSAS FRAQUEZAS, ELE REVELA SEU PODER.

___

"Quando sou fraco, então é que sou forte."
2 Coríntios 12:10

Data __/__/____

D S T Q Q S S

O ESPÍRITO DE DEUS É O CONFORTO QUE NOS GUIA E FORTALECE.

_____
_____
_____
_____
_____
_____
_____
_____

Data __/__/____

D S T Q Q S S

NÃO ESTAMOS SOZINHOS; O CONSOLADOR ESTÁ SEMPRE AO NOSSO LADO.

_____
_____
_____
_____
_____
_____
_____
_____

"O Espírito Santo, o Consolador, ensinará todas as coisas..."

João 14:26

Data __/__/____

D S T Q Q S S

FELICIDADE É CELEBRAR CADA DIA COMO UM PRESENTE DE DEUS.

Data __/__/____

D S T Q Q S S

VIVER COM GRATIDÃO TORNA CADA MOMENTO ESPECIAL.

"Este é o dia que o Senhor fez; regozijemo-nos e alegremo-nos nele."
Salmos 118:24

Data __/__/__

D S T Q Q S S

O PERDÃO PROTEGE E FORTALECE O AMOR.

Data __/__/__

D S T Q Q S S

ESCOLHA O PERDÃO PARA PRESERVAR A PAZ.

"Quem encobre uma ofensa promove amor..."

Provérbios 17:9

Data __/__/__

D S T Q Q S S

DEUS É O EXEMPLO DE PERDÃO E PACIÊNCIA.

Data __/__/__

D S T Q Q S S

PERDOAR É REFLETIR A MISERICÓRDIA DIVINA.

"O Senhor é compassivo e misericordioso, lento para irar-se e cheio de amor."

Salmos 103:8

Data __/__/____

D S T Q Q S S

ENCHA SEU CORAÇÃO DE PERDÃO.

_____
_____
_____
_____
_____
_____
_____
_____
_____

Data __/__/____

D S T Q Q S S

FAÇA DO PERDÃO A ESSÊNCIA DA SUA VIDA.

_____
_____
_____
_____
_____
_____
_____
_____
_____

> "E, quando estiverdes orando, perdoai, se tendes alguma coisa contra alguém, para que vosso Pai, que está nos céus, vos perdoe as vossas ofensas."
>
> **Marcos 11:25**

Data __/__/____

D S T Q Q S S

DEMONSTRAR EMPATIA É CUIDAR DOS QUE PRECISAM DE NÓS.

_____
_____
_____
_____
_____
_____
_____
_____

Data __/__/____

D S T Q Q S S

CADA ATO DE BONDADE REFLETE O AMOR DE DEUS.

_____
_____
_____
_____
_____
_____
_____
_____

"Quem é bondoso com o necessitado empresta ao Senhor..."

Provérbios 19:17

Data __/__/____

D S T Q Q S S

EMPATIA É SENTIR A DOR DO PRÓXIMO COMO SUA.

_____
_____
_____
_____
_____
_____
_____
_____

Data __/__/____

D S T Q Q S S

SOMOS TODOS PARTE DE UM MESMO CORPO ESPIRITUAL.

_____
_____
_____
_____
_____
_____
_____
_____

"Se um membro sofre, todos os outros sofrem com ele..."

1 Coríntios 12:26

Data __/__/____

D S T Q Q S S

PALAVRAS GENTIS SÃO TEMPERO.

_____
_____
_____
_____
_____
_____
_____
_____
_____
_____

Data __/__/____

D S T Q Q S S

FALE COM AMOR; AS PALAVRAS CURAM FERIDAS.

_____
_____
_____
_____
_____
_____
_____
_____
_____
_____

"Seja a palavra de vocês sempre agradável, temperada com sal..."

Colossenses 4:6

Data __/__/____

D S T Q Q S S

AO ENCONTRAR ALEGRIA EM DEUS, SEUS DESEJOS SÃO TRANSFORMADOS.

_____
_____
_____
_____
_____
_____
_____
_____

Data __/__/____

D S T Q Q S S

ALINHE SEUS DESEJOS COM A VONTADE DIVINA.

_____
_____
_____
_____
_____
_____
_____
_____
_____

"Deleite-se no Senhor, e ele atenderá aos desejos do seu coração."

Salmos 37:4

Data __/__/____

D S T Q Q S S

DEUS ESTÁ AO NOSSO LADO EM CADA SITUAÇÃO.

_____
_____
_____
_____
_____
_____
_____
_____

Data __/__/____

D S T Q Q S S

DEUS TRANSFORMA INSEGURANÇA EM CONFIANÇA.

_____
_____
_____
_____
_____
_____
_____
_____

"Não temas, porque eu sou contigo; não te assombres, porque eu sou o teu Deus."

Isaías 41:10

Data __/__/__

D S T Q Q S S

A OBEDIÊNCIA À PALAVRA DE DEUS TRAZ PAZ E ALEGRIA.

_____
_____
_____
_____
_____
_____
_____
_____

Data __/__/__

D S T Q Q S S

VIVA FELIZ EM HARMONIA COM O PAI DIVINO.

_____
_____
_____
_____
_____
_____
_____
_____

"Como são felizes os que obedecem aos seus estatutos..."

Salmos 119:2

Data __/__/____

D S T Q Q S S

ALIVIE SEU CORAÇÃO AO ENTREGAR O AMOR A DEUS.

_____
_____
_____
_____
_____
_____
_____
_____

Data __/__/____

D S T Q Q S S

CONFIE NO CUIDADO DIVINO PARA ENFRENTAR AS INCERTEZAS.

_____
_____
_____
_____
_____
_____
_____
_____

"Não andem ansiosos por coisa alguma..."
Filipenses 4:6

Data __/__/__

D S T Q Q S S

A PALAVRA DE DEUS É UMA BÚSSOLA PARA A VIDA RETA.

_____
_____
_____
_____
_____
_____
_____

Data __/__/__

D S T Q Q S S

MEMORIZE AS ESCRITURAS E DEIXE-AS GUIAR SUAS AÇÕES.

_____
_____
_____
_____
_____
_____
_____

"Guardei no coração a tua palavra para não pecar contra ti."

Salmos 119:11

Data __/__/____

D S T Q Q S S

A HUMILDADE É O CAMINHO PARA A VERDADEIRA PAZ.

_____
_____
_____
_____
_____
_____
_____
_____

Data __/__/____

D S T Q Q S S

HONRE SEU CORAÇÃO COM HUMILDADE.

_____
_____
_____
_____
_____
_____
_____
_____

> *"Os humildes herdarão a terra e se deleitarão na abundância de paz."*
> **Salmos 37:11**

Data __/__/____

D S T Q Q S S

A ORAÇÃO COM FÉ MOVE MONTANHAS.

_____
_____
_____
_____
_____
_____
_____
_____

Data __/__/____

D S T Q Q S S

DEUS OUVE CADA PEDIDO SINCERO QUE VOCÊ FAZ.

_____
_____
_____
_____
_____
_____
_____
_____

"E tudo o que pedirem em oração, se crerem, vocês receberão."

Mateus 21:22

Data __/__/____

D S T Q Q S S

DEUS É O ABRIGO SEGURO NAS TEMPESTADES DA VIDA.

_____
_____
_____
_____
_____
_____
_____
_____

Data __/__/____

D S T Q Q S S

NA ANGÚSTIA, ELE É A FORTALEZA QUE NUNCA FALHA.

_____
_____
_____
_____
_____
_____
_____
_____

> "Elevo meus olhos para os montes, de onde virá o meu socorro?
> O meu socorro vem do Senhor que fez o céu e a terra."
>
> **Salmos 121:1,2**

Data __/__/____

D S T Q Q S S

A FÉ EM DEUS É O ANTÍDOTO CONTRA O CORAÇÃO ANGUSTIADO.

_____
_____
_____
_____
_____
_____
_____
_____

Data __/__/____

D S T Q Q S S

DEIXE QUE DEUS ACALME SEU ESPÍRITO.

_____
_____
_____
_____
_____
_____
_____
_____

"Não se turbe o vosso coração; credes em Deus, crede também em mim."

João 14:1

Data __/__/__

D S T Q Q S S

A FÉ É O FAROL QUE ILUMINA O CAMINHO PARA O FUTURO.

Data __/__/__

D S T Q Q S S

MESMO SEM VER, ACREDITE NO QUE DEUS PROMETEU.

"Ora, a fé é a certeza daquilo que esperamos e a prova das coisas que não vemos."

Hebreus 11:1

Data __/__/____
D S T Q Q S S

DÊ SUA AMIZADE VERDADEIRA ÀS PESSOAS.

Data __/__/____
D S T Q Q S S

O CONSELHO DE UM AMIGO É UM PRESENTE DE SABEDORIA.

"Perfume e incenso trazem alegria ao coração; do conselho sincero do homem nasce uma bela amizade."

Provérbios 27:9

Data __/__/____

D S T Q Q S S

O AMOR UNE E COMPLETA TODAS AS VIRTUDES.

Data __/__/____

D S T Q Q S S

O AMOR É O QUE SUSTENTA RELACIONAMENTOS SÓLIDOS.

"Acima de tudo, porém, revistam-se do amor, que é o elo perfeito."

Colossenses 3:14

Data __/__/____

D S T Q Q S S

A JUSTIÇA É O ALICERCE PARA O PROGRESSO E A PAZ.

___

Data __/__/____

D S T Q Q S S

PRATICAR A JUSTIÇA ELEVA INDIVÍDUOS E SOCIEDADES.

___

"A justiça engrandece uma nação, mas o pecado é uma vergonha para qualquer povo."

Provérbios 14:34

Data __/__/____

D S T Q Q S S

A SEGURANÇA ESTÁ EM SABER QUE DEUS É NOSSO PROTETOR.

Data __/__/____

D S T Q Q S S

DEUS ILUMINA NOSSOS PASSOS E DISSIPA O MEDO.

"O Senhor é a minha luz e a minha salvação; de quem terei medo?"

Salmos 27:1

Data __/__/____

D S T Q Q S S

BUSCAR A JUSTIÇA É ALINHAR-SE COM O CORAÇÃO DE DEUS.

_____
_____
_____
_____
_____
_____
_____
_____

Data __/__/____

D S T Q Q S S

LEMBRE QUE TODO ESFORÇO POR JUSTIÇA SERÁ RECOMPENSADO.

_____
_____
_____
_____
_____
_____
_____
_____

"Bem-aventurados os que têm fome e sede de justiça, pois serão satisfeitos."

Mateus 5:6

Data __/__/__

D S T Q Q S S

PRATIQUE A HUMILDADE.

___

Data __/__/__

D S T Q Q S S

MANTENHA A SIMPLICIDADE NO CORAÇÃO.

___

"Porque Deus se opõe aos orgulhosos, mas concede graça aos humildes."

Tiago 4:6

Data __/__/____

D S T Q Q S S

A FÉ É O ELO QUE NOS CONECTA AO CORAÇÃO DE DEUS.

Data __/__/____

D S T Q Q S S

CRER É A CHAVE PARA AGRADAR AO PAI.

"Sem fé é impossível agradar a Deus..."

Hebreus 11:6

Data __/__/__

D S T Q Q S S

A TRISTEZA É TEMPORÁRIA; A ALEGRIA SEMPRE RENASCE.

_____
_____
_____
_____
_____
_____
_____
_____

Data __/__/__

D S T Q Q S S

O AMANHECER TRAZ NOVAS ESPERANÇAS E RENOVAÇÃO.

_____
_____
_____
_____
_____
_____
_____
_____

"O choro pode durar uma noite, mas a alegria vem pela manhã."

Salmos 30:5

Data __/__/____

D S T Q Q S S

DEUS É A FONTE DE TODO CONFORTO EM MEIO ÀS DIFICULDADES.

_____
_____
_____
_____
_____
_____
_____

Data __/__/____

D S T Q Q S S

ESTEJA SEMPRE PRONTO PARA CONSOLAR OS OUTROS.

_____
_____
_____
_____
_____
_____
_____

"Bendito seja o Deus de toda consolação, que nos consola em todas as nossas tribulações..."

2 Coríntios 1:3-4

Data __/__/__

D S T Q Q S S

A CONFIANÇA EM DEUS DISSIPA AS DÚVIDAS DO CORAÇÃO.

Data __/__/__

D S T Q Q S S

DEUS GUIA COM SEGURANÇA QUANDO ENTREGAMOS TUDO A ELE.

"Espera no Senhor, anima-te, e ele fortalecerá o teu coração; espera, pois, no Senhor."

Salmos 27:14

Data __/__/__

D S T Q Q S S

O VERDADEIRO AMOR ESCOLHE PERDOAR SEMPRE.

Data __/__/__

D S T Q Q S S

PERDOAR É UMA FORMA PRÁTICA DE DEMONSTRAR AMOR.

"O amor cobre multidão de pecados."

1 Pedro 4:8

Data __/__/__

D S T Q Q S S

EMPATIA É DAR VOZ A QUEM NÃO PODE FALAR POR SI MESMO.

Data __/__/__

D S T Q Q S S

LUTAR PELA JUSTIÇA É UM ATO DE COMPAIXÃO.

"Abrem a boca em favor dos que não podem se defender..."
Provérbios 31:8

Data __/__/____

D S T Q Q S S

MESMO NA DOR, DEUS É A FORÇA QUE SUSTENTA.

_____
_____
_____
_____
_____
_____
_____
_____
_____

Data __/__/____

D S T Q Q S S

CONFIE NO SENHOR E ELE TRARÁ ALÍVIO À SUA DOR.

_____
_____
_____
_____
_____
_____
_____
_____
_____

"O Senhor é a minha força e o meu escudo; nele o meu coração confia, e dele recebo ajuda."

Salmos 28:7

Data __/__/__

D S T Q Q S S

A PERSEVERANÇA SEMPRE PRODUZ FRUTOS DE ALEGRIA.

_____
_____
_____
_____
_____
_____
_____
_____

Data __/__/__

D S T Q Q S S

AS LÁGRIMAS DE HOJE REGAM AS BÊNÇÃOS DE AMANHÃ.

_____
_____
_____
_____
_____
_____
_____
_____

"Os que semeiam com lágrimas colherão com cânticos de alegria."

Salmos 126:5

Data __/__/__

D S T Q Q S S

A BONDADE PARA COM OS NECESSITADOS REFLETE O CORAÇÃO DE DEUS.

_____
_____
_____
_____
_____
_____
_____

Data __/__/__

D S T Q Q S S

QUANDO AJUDAMOS OS OUTROS, SOMOS PARCEIROS NA OBRA DIVINA.

_____
_____
_____
_____
_____
_____
_____
_____

"Misericórdia, e paz, e amor vos sejam multiplicados."

Judas 1:2

Data __/__/__

D S T Q Q S S

A PRESENÇA DE DEUS É FONTE INESGOTÁVEL DE FELICIDADE.

Data __/__/__

D S T Q Q S S

CAMINHAR COM DEUS É EXPERIMENTAR A PLENITUDE DA ALEGRIA.

"Tu me farás conhecer a vereda da vida, a alegria plena da tua presença..."

Salmos 16:11

Data __/__/____

D S T Q Q S S

A GENEROSIDADE ABRE PORTAS PARA RIQUEZAS NÃO MATERIAIS.

_____
_____
_____
_____
_____
_____
_____

Data __/__/____

D S T Q Q S S

DAR É UM ATO DE FÉ QUE SEMPRE TRAZ CRESCIMENTO.

_____
_____
_____
_____
_____
_____
_____
_____

"Há quem dê generosamente, e vê aumentar suas riquezas..."

Provérbios 11:24

Data __/__/____

D S T Q Q S S

DEUS NUNCA DEIXA UMA OBRA INACABADA.

Data __/__/____

D S T Q Q S S

O QUE DEUS COMEÇA EM SUA VIDA ELE LEVA À PERFEIÇÃO.

"Aquele que começou boa obra em vocês vai completá-la até o dia de Cristo Jesus."

Filipenses 1:6

Data __/__/__

D S T Q Q S S

COLOQUE DEUS NO CENTRO DE SEUS PROJETOS E ELES PROSPERARÃO.

Data __/__/__

D S T Q Q S S

A BASE DE UMA VIDA SÓLIDA É CONSTRUÍDA NA PRESENÇA DIVINA.

"Se o Senhor não edificar a casa, em vão trabalham os que a constroem."

Salmos 127:1

Data __/__/__

D S T Q Q S S

PRATIQUE A BONDADE PARA COM OS NECESSITADOS.

___

Data __/__/__

D S T Q Q S S

A BONDADE TRANSFORMA O SEU ENTORNO.

___

"Quem é bondoso com o pobre empresta ao Senhor..."

Provérbios 19:17

Data __/__/____

D S T Q Q S S

A RIQUEZA VERDADEIRA ESTÁ EM REPARTIR E ABENÇOAR.

_____
_____
_____
_____
_____
_____
_____
_____

Data __/__/____

D S T Q Q S S

A GENEROSIDADE É UM ATO DE AMOR AO PRÓXIMO.

_____
_____
_____
_____
_____
_____
_____
_____

"Ordene-lhes que pratiquem o bem, sejam ricos em boas obras, generosos e prontos a repartir."

1 Timóteo 6:18

Data __/__/__

D S T Q Q S S

A GENEROSIDADE REFLETE O AMOR DE DEUS QUE HABITA EM VOCÊ.

_____
_____
_____
_____
_____
_____
_____
_____

Data __/__/__

D S T Q Q S S

COMPARTILHAR É VIVER O EVANGELHO NA PRÁTICA.

_____
_____
_____
_____
_____
_____
_____
_____

"Se alguém tiver recursos materiais e, vendo seu irmão em necessidade, não se compadecer dele, como pode permanecer nele o amor de Deus?"

1 João 3:17

Data __/__/____

D S T Q Q S S

EM DEUS, HÁ PROMESSA DE UM FUTURO SEM DOR.

_____
_____
_____
_____
_____
_____
_____
_____
_____

Data __/__/____

D S T Q Q S S

TODA PERDA SERÁ TRANSFORMADA EM PLENITUDE NA ETERNIDADE.

_____
_____
_____
_____
_____
_____
_____
_____
_____
_____

"Ele enxugará dos seus olhos toda lágrima..."

Apocalipse 21:4

Data___/___/___

D S T Q Q S S

PLANEJE COM ESPERANÇA, SABENDO QUE DEUS GUIA SEUS PASSOS.

_____
_____
_____
_____
_____
_____
_____
_____

Data___/___/___

D S T Q Q S S

SEU FUTURO É MOLDADO PELAS MÃOS AMOROSAS DO CRIADOR.

_____
_____
_____
_____
_____
_____
_____
_____

"O coração do homem planeja o seu caminho, mas o Senhor lhe dirige os passos."

Provérbios 16:9

Data __/__/__

D S T Q Q S S

GENEROSIDADE É SINÔNIMO DE COMPARTILHAR.

_____
_____
_____
_____
_____
_____
_____
_____
_____

Data __/__/__

D S T Q Q S S

A HOSPITALIDADE É UMA PRÁTICA DO CORAÇÃO GENEROSO.

_____
_____
_____
_____
_____
_____
_____
_____
_____

"Repartam com os santos em suas necessidades; pratiquem a hospitalidade."

Romanos 12:13

Data __/__/__

D S T Q Q S S

BONS AMIGOS NOS AJUDAM A CRESCER E MELHORAR.

Data __/__/__

D S T Q Q S S

A AMIZADE VERDADEIRA MOLDA E FORTALECE O CARÁTER.

"Assim como o ferro afia o ferro, o homem afia o seu companheiro."

Provérbios 27:17

Data __/__/____

D S T Q Q S S

A ANGÚSTIA É O CONVITE PARA BUSCAR A PRESENÇA DE DEUS.

_____
_____
_____
_____
_____
_____
_____
_____

Data __/__/____

D S T Q Q S S

OUÇA A PALAVRA DE DEUS EM MOMENTOS DE ANGÚSTIA.

_____
_____
_____
_____
_____
_____
_____
_____

"Clamei pelo Senhor na minha angústia, e Ele me respondeu."

Salmos 118:5

Data __/__/__

D S T Q Q S S

AMAR É AGIR COM BONDADE E ESPERAR COM PACIÊNCIA.

Data __/__/__

D S T Q Q S S

O AMOR É O REFLEXO DO CARÁTER DIVINO EM NÓS.

"O amor é paciente, o amor é bondoso..."
1 Coríntios 13:4

Data __/__/____

D S T Q Q S S

A AMIZADE É UM REFLEXO DO AMOR SACRIFICIAL DE CRISTO.

_____
_____
_____
_____
_____
_____
_____
_____

Data __/__/____

D S T Q Q S S

VALORIZE OS AMIGOS QUE COLOCAM O AMOR ACIMA DE TUDO.

_____
_____
_____
_____
_____
_____
_____
_____

"Ninguém tem maior amor do que este: de dar alguém a própria vida pelos seus amigos."

João 15:13

Data __/__/____

D S T Q Q S S

A JUSTIÇA DE DEUS É PERFEITA E IMUTÁVEL.

_____
_____
_____
_____
_____
_____
_____
_____
_____

Data __/__/____

D S T Q Q S S

NELE ENCONTRAMOS O PADRÃO DE VERDADE E RETIDÃO.

_____
_____
_____
_____
_____
_____
_____
_____
_____

> "Mas o Senhor é justo; ele é o meu rochedo e nele não há injustiça."
>
> **Salmos 92:15**

Data __/__/____

D S T Q Q S S

PEQUENOS ATOS DE FÉ PODEM MOVER MONTANHAS.

Data __/__/____

D S T Q Q S S

DEUS USA A FÉ SIMPLES PARA REALIZAR GRANDES MILAGRES.

"Se tiverem fé do tamanho de um grão de mostarda, nada será impossível para vocês."

Mateus 17:20

Data __/__/____

D S T Q Q S S

FÉ É ABANDONAR O CONTROLE.

Data __/__/____

D S T Q Q S S

CONFIAR EM DEUS NOS DÁ FORÇA PARA ENFRENTAR QUALQUER DESAFIO.

"Confie no Senhor de todo o seu coraçao e não se apoie em seu próprio entendimento."

Provérbios 3:5

Data __/__/____

D S T Q Q S S

MESMO NA SOLIDÃO, DEUS É UMA PRESENÇA CONSTANTE.

___
___
___
___
___
___
___
___

Data __/__/____

D S T Q Q S S

DEUS É SEU ABRIGO SEGURO EM TODOS OS MOMENTOS.

___
___
___
___
___
___
___
___

"Deus é o nosso refúgio e fortaleza, socorro bem presente na angústia."

Salmos 46:1

Data __/__/____

D S T Q Q S S

DEUS NUNCA TE ABANDONA, MESMO QUANDO TODOS SE AFASTAM.

_____
_____
_____
_____
_____
_____
_____
_____

Data __/__/____

D S T Q Q S S

ENCONTRE CONSOLO PARA A SOLIDÃO NA COMPANHIA DE DEUS.

_____
_____
_____
_____
_____
_____
_____
_____

> "Ainda que meu pai e minha mãe me abandonem, o Senhor me acolherá."
> **Salmos 27:10**

Data __/__/____

D S T Q Q S S

DEPOSITE SUA TRISTEZA EM DEUS. ELE OFERECE ALÍVIO E SUSTENTO.

_____
_____
_____
_____
_____
_____
_____
_____

Data __/__/____

D S T Q Q S S

O CUIDADO DIVINO TRANSFORMA DOR EM PAZ.

_____
_____
_____
_____
_____
_____
_____
_____

"Lança o teu cuidado sobre o Senhor, e ele te susterá..."

Salmos 55:22

Data __/__/____

D S T Q Q S S

DEUS TEM O PODER DE TRANSFORMAR TRISTEZA EM CELEBRAÇÃO.

_____
_____
_____
_____
_____
_____
_____
_____

Data __/__/____

D S T Q Q S S

O CONSOLO DIVINO RENOVA A ALEGRIA EM NOSSO CORAÇÃO.

_____
_____
_____
_____
_____
_____
_____
_____

> "Transformarei o luto deles em alegria; eu lhes darei consolo e troca de tristeza por regozijo."
>
> **Jeremias 31:13**

Data __/__/____

D S T Q Q S S

A VERDADEIRA ALEGRIA ESTÁ EM VIVER NA PRESENÇA DE DEUS.

_____
_____
_____
_____
_____
_____
_____
_____

Data __/__/____

D S T Q Q S S

REGOZIJAR-SE NO SENHOR É UM ATO DE FÉ E GRATIDÃO.

_____
_____
_____
_____
_____
_____
_____
_____

"Regozijai-vos sempre no Senhor. Novamente direi: regozijai-vos!"

Filipenses 4:4

Data __/__/____

D S T Q Q S S

A TRISTEZA É O PRELÚDIO PARA O CONSOLO DIVINO.

___

Data __/__/____

D S T Q Q S S

EM DEUS, AS LÁGRIMAS ENCONTRAM SIGNIFICADO E CONFORTO.

___

"Bem-aventurados os que choram, pois serão consolados."

Mateus 5:4

Data __/__/__

D S T Q Q S S

DEUS SEMPRE PROVÊ PARA OS QUE COMPARTILHAM COM AMOR.

___

Data __/__/__

D S T Q Q S S

A GENEROSIDADE É A CHAVE PARA UMA VIDA PLENA E ABENÇOADA.

___

"Quem dá ao pobre não terá falta..."

Provérbios 28:27

Data __/__/__

D S T Q Q S S

AMIGOS DE VERDADE FALAM A VERDADE COM AMOR.

_____
_____
_____
_____
_____
_____
_____
_____
_____

Data __/__/__

D S T Q Q S S

A SINCERIDADE FORTALECE OS LAÇOS DA AMIZADE.

_____
_____
_____
_____
_____
_____
_____
_____
_____

"Melhor é a repreensão feita com sabedoria do que o amor escondido."

Provérbios 27:5

Data__/__/____

D S T Q Q S S

CLAMAR A DEUS É O PRIMEIRO PASSO PARA SUPERAR A ANGÚSTIA.

Data__/__/____

D S T Q Q S S

SUA RESPOSTA VEM NO TEMPO CERTO, TRAZENDO ALÍVIO E PAZ.

"Na minha angústia clamei ao Senhor, e ele me respondeu."

Salmos 120:1

Data __/__/____

D S T Q Q S S

MESMO NO VALE DA ANGÚSTIA, DEUS CAMINHA AO NOSSO LADO.

_____
_____
_____
_____
_____
_____
_____
_____

Data __/__/____

D S T Q Q S S

A PRESENÇA DE DEUS DISSIPA O MEDO E TRAZ SEGURANÇA.

_____
_____
_____
_____
_____
_____
_____
_____

"Ainda que eu ande pelo vale da sombra da morte, não temerei mal algum, pois tu estás comigo."

Salmos 23:4

Data __/__/____

D S T Q Q S S

A PALAVRA DE DEUS É UM BÁLSAMO PARA A ALMA ANGUSTIADA.

_____
_____
_____
_____
_____
_____
_____
_____

Data __/__/____

D S T Q Q S S

O CONSOLO DIVINO RENOVA A ESPERANÇA E AFASTA A ANSIEDADE.

_____
_____
_____
_____
_____
_____
_____
_____

"Quando a ansiedade já me dominava no íntimo, o teu consolo trouxe alívio à minha alma."

Salmos 94:19

Data__/__/__

D S T Q Q S S

NA SOLIDÃO, DEUS É O ABRAÇO QUE NUNCA FALHA.

_____
_____
_____
_____
_____
_____
_____
_____

Data__/__/__

D S T Q Q S S

SEU CORAÇÃO NUNCA ESTÁ SÓ QUANDO DEUS É SEU REFÚGIO.

_____
_____
_____
_____
_____
_____
_____
_____

> "Ainda que meu pai e minha mãe me abandonem, o Senhor me acolherá."
> **Salmos 27:10**

Data __/__/____

D S T Q Q S S

MANTENHA SEU CORAÇÃO LIVRE DA INVEJA.

_____
_____
_____
_____
_____
_____
_____
_____

Data __/__/____

D S T Q Q S S

NÃO QUEIRA O QUE É DO OUTRO.

_____
_____
_____
_____
_____
_____
_____
_____
_____

"O coração em paz dá vida ao corpo, mas a inveja apodrece os ossos."

Provérbios 14:30

Data __/__/__

D S T Q Q S S

A IRA DESTRÓI, MAS A CALMA CONSTRÓI PONTES DE PAZ.

Data __/__/__

D S T Q Q S S

CONTROLAR A IRA É ESCOLHER A SABEDORIA SOBRE O IMPULSO.

"A resposta calma desvia a fúria, mas a palavra ríspida desperta a ira."

Provérbios 15:1

Data __/__/__

D S T Q Q S S

A GRATIDÃO ABRE PORTAS PARA NOVAS BÊNÇÃOS.

_____
_____
_____
_____
_____
_____
_____

Data __/__/__

D S T Q Q S S

UM CORAÇÃO AGRADECIDO REFLETE A BONDADE DE DEUS.

_____
_____
_____
_____
_____
_____
_____

"Em tudo dai graças, porque esta é a vontade de Deus em Cristo Jesus para convosco."

1 Tessalonicenses 5:18

Data __/__/____

D S T Q Q S S

DEUS SEMPRE RENOVARÁ SEU ESPÍRITO.

___

Data __/__/____

D S T Q Q S S

A FORÇA INTERIOR VEM DO AMOR DE DEUS.

___

"Por isso não desanimamos. Embora exteriormente estejamos a desgastar-nos, interiormente estamos sendo renovados dia após dia."

2 Coríntios 4:16

Data __/__/__

D S T Q Q S S

DEUS SEMPRE LHE MOSTRARÁ NOVOS CAMINHOS.

_____
_____
_____
_____
_____
_____
_____

Data __/__/__

D S T Q Q S S

CONFIE SUA PREOCUPAÇÃO AO SENHOR E EXPERIMENTE A PAZ VERDADEIRA.

_____
_____
_____
_____
_____
_____
_____

"Entregue suas preocupações ao Senhor, e ele o susterá..."

Salmos 55:22

Data __/__/__

D S T Q Q S S

TODA DOR É TEMPORÁRIA; A ESPERANÇA SEMPRE RENASCE COM O DIA.

Data __/__/__

D S T Q Q S S

APÓS A TEMPESTADE DA PERDA, DEUS TRAZ A SERENIDADE DA ALEGRIA.

"O choro pode durar uma noite, mas a alegria vem pela manhã."

Salmos 30:5

Data __/__/____

D S T Q Q S S

O AMOR DE DEUS É A FONTE DO VERDADEIRO AMOR.

Data __/__/____

D S T Q Q S S

SOMOS CHAMADOS A AMAR PORQUE FOMOS AMADOS SEM MEDIDA.

"Nós amamos porque ele nos amou primeiro."

1 João 4:19

Data __/__/____

D S T Q Q S S

DEUS É SUA FORÇA QUANDO AS PERDAS O DEIXAM FRACO.

_____
_____
_____
_____
_____
_____
_____
_____

Data __/__/____

D S T Q Q S S

ENCONTRE CONFORTO NA FORÇA DE DEUS.

_____
_____
_____
_____
_____
_____
_____
_____

> "Ainda que a minha carne e o meu coração desfaleçam, Deus é a fortaleza do meu coração e a minha herança para sempre."
>
> **Salmos 73:26**

Data __/__/__

D S T Q Q S S

FIRME-SE NA ESPERANÇA ETERNA PARA SUPERAR AS PERDAS.

_____
_____
_____
_____
_____
_____
_____
_____

Data __/__/__

D S T Q Q S S

DEUS PREPARA ALGO MAIOR E DURADOURO PARA ALÉM DESTE MUNDO.

_____
_____
_____
_____
_____
_____
_____
_____

"Porque sabemos que, se a nossa casa terrestre deste tabernáculo se desfizer, temos da parte de Deus um edifício..."

2 Coríntios 5:1

Data __/__/__

D S T Q Q S S

ACREDITE NO FUTURO, POIS A FÉ SUSTENTARÁ SEUS PASSOS.

_____
_____
_____
_____
_____
_____
_____
_____

Data __/__/__

D S T Q Q S S

A FÉ EM DEUS LHE DÁ FORÇA PARA AVANÇAR.

_____
_____
_____
_____
_____
_____
_____
_____
_____

"O justo viverá pela fé."
Romanos 1:17

Data __/__/____

D S T Q Q S S

ESPERAR EM DEUS É ACREDITAR QUE O MELHOR AINDA ESTÁ POR VIR.

_____
_____
_____
_____
_____
_____
_____
_____

Data __/__/____

D S T Q Q S S

A FORÇA PARA O FUTURO VEM DE CONFIAR NA FIDELIDADE DIVINA.

_____
_____
_____
_____
_____
_____
_____
_____

"Aqueles que esperam no Senhor renovam suas forças; voam alto como águias..."

Isaías 40:31

Data __/__/__

D S T Q Q S S

DEUS ESTÁ SEMPRE PRESENTE PARA CONSOLAR NA TRISTEZA.

_____
_____
_____
_____
_____
_____
_____
_____

Data __/__/__

D S T Q Q S S

O CORAÇÃO FERIDO ENCONTRA CURA NO SENHOR.

_____
_____
_____
_____
_____
_____
_____
_____

> "O Senhor está perto dos que têm o coração quebrantado e salva os de espírito abatido."
>
> **Salmos 34:18**

Data __/__/____

D S T Q Q S S

A VERDADEIRA AMIZADE PERMANECE FIRME NOS TEMPOS DIFÍCEIS.

___

Data __/__/____

D S T Q Q S S

AMIGOS SÃO PRESENTES DE DEUS PARA ILUMINAR NOSSA JORNADA.

___

"O amigo ama em todos os momentos; é um irmão na adversidade."

Provérbios 17:17

Data __/__/____

D S T Q Q S S

DEUS TRANSFORMA A DOR EM UM CAMINHO DE CURA.

_____
_____
_____
_____
_____
_____
_____
_____

Data __/__/____

D S T Q Q S S

SUAS FERIDAS ENCONTRAM ALÍVIO NO CUIDADO DIVINO.

_____
_____
_____
_____
_____
_____
_____
_____

"Ele cura os de coração quebrantado e cuida das suas feridas."

Salmos 147:3

Data __/__/__

D S T Q Q S S

AGIR COM INTEGRIDADE TRAZ LIVRAMENTO E PAZ.

_____
_____
_____
_____
_____
_____
_____
_____

Data __/__/__

D S T Q Q S S

A PRÁTICA DA JUSTIÇA É UM ESCUDO CONTRA ARMADILHAS DO MAL.

_____
_____
_____
_____
_____
_____
_____
_____

"A justiça do justo o livra, mas o ímpio é apanhado pela sua maldade."

Provérbios 11:6

Data __/__/__

D S T Q Q S S

O CORAÇÃO JUSTO ENCONTRA ALEGRIA NA FIDELIDADE DE DEUS.

Data __/__/__

D S T Q Q S S

O REGOZIJO É O CÂNTICO DA ALMA EM HARMONIA COM O CRIADOR.

"Alegrem-se no Senhor e exultem, vocês que são justos; cantem de alegria, todos vocês que são retos de coração!"

Salmos 32:11

Data __/__/____

D S T Q Q S S

A ARROGÂNCIA É O CAMINHO PARA A DESTRUIÇÃO.

Data __/__/____

D S T Q Q S S

A HUMILDADE PROTEGE DAS CONSEQUÊNCIAS DA SOBERBA.

"A soberba precede a ruína, e a altivez do espírito, a queda."

Provérbios 16:18

Data __/__/____

D S T Q Q S S

O CORAÇÃO JUSTO ENCONTRA ALEGRIA NA FIDELIDADE DE DEUS.

_____
_____
_____
_____
_____
_____
_____
_____

Data __/__/____

D S T Q Q S S

O REGOZIJO É O CÂNTICO DA ALMA EM HARMONIA COM O CRIADOR.

_____
_____
_____
_____
_____
_____
_____
_____

"Alegrem-se no Senhor e exultem, vocês que são justos; cantem de alegria, todos vocês que são retos de coração!"

Salmos 32:11

Data __/__/____

D S T Q Q S S

A ARROGÂNCIA É O CAMINHO PARA A DESTRUIÇÃO.

Data __/__/____

D S T Q Q S S

A HUMILDADE PROTEGE DAS CONSEQUÊNCIAS DA SOBERBA.

"A soberba precede a ruína, e a altivez do espírito, a queda."

Provérbios 16:18

Data __/__/__

D S T Q Q S S

COM CRISTO, A AFLIÇÃO É TEMPORÁRIA.

_____
_____
_____
_____
_____
_____
_____
_____
_____

Data __/__/__

D S T Q Q S S

LEMBRE-SE DE QUE JESUS VENCEU POR VOCÊ.

_____
_____
_____
_____
_____
_____
_____
_____
_____

> "No mundo tereis aflições, mas tende bom ânimo; eu venci o mundo."
> **João 16:33**